Tacos
QUESADILLAS Y BURRITOS

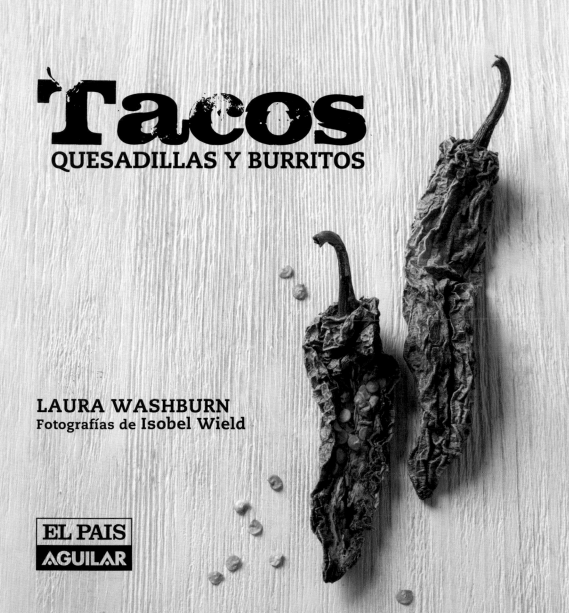

Tacos
QUESADILLAS Y BURRITOS

LAURA WASHBURN
Fotografías de **Isobel Wield**

EL PAIS
AGUILAR

Traducción Míriam Ruiz Durán
Coordinación editorial y edición
Diana Acero Martínez
Coordinación técnica
Victoria Reyes
Ayudante de edición
Laura Tomillo
Maquetación
M. García y J. Sánchez
Estilismo de alimentos
Lizzie Harris
Estilismo de atrezo
Lucy Harvey

Primera edición, 2012

Título original:
Tacos, quesadillas & burritos

© 2012 Laura Washburn (texto)
© 2012 Ryland Peters & Small
(diseño y fotografías)

© Santillana Ediciones
Generales, S.L.
Avda. de los Artesanos, 6
28760 Tres Cantos
Madrid
www.elpaisaguilar.es

ISBN: 978-84-03-51218-4

PRISA EDICIONES

Impreso en China

Nota: Usa tortillas pequeñas (15cm) de harina de trigo o maíz para hacer tacos, y tortillas grandes (25cm) de harina de trigo para hacer burritos y quesadillas.

Nota para esta edición:
En México los chiles se eligen según se quiera la receta de picante, por eso, cuando no se especifica el tipo de chile, se ha de elegir al gusto del lector. También, si no se especifica el tipo de chile verde puede ser cualquiera, pero los más comunes son el jalapeño y el serrano. Si no se puede disponer de este tipo de chiles, unas posibles equivalencias con ingredientes comunes serían:

chile verde = guindilla verde

chile rojo = guindilla roja

chile chipotle = cayenas o pimentón picante

chile ancho = ñoras o pimentón dulce

Todos los ingredientes típicos mexicanos se pueden encontrar en cualquier supermercado o tienda que disponga de productos latinoamericanos.

Contenidos

·················

Introducción

Por decirlo de una manera sencilla, un taco es una tortilla de harina de trigo o de maíz rellena. Es comida de chiringuito para comer por la calle; es comida rápida pero sana. Donde yo crecí, en el sur de California, los tacos y los burritos eran tan comunes que hasta formaban parte de nuestro menú escolar. Sin embargo, es una novedad que la pasión por los tacos haya cruzado la frontera mexicana.

Los tacos de cuando yo era niña no eran de tanta calidad como los de ahora. El relleno era bastante corriente y estaba envuelto con una tortilla producida en serie que pretendía ser crujiente pero que la mayoría de las veces estaba blanduzca y empapada con el aceite de esos rellenos que se servían normalmente. Los tacos han evolucionado mucho desde entonces y lo que se encuentra hoy en día se parece mucho más a los tacos de verdad.

En México, los tacos se suelen tomar como una comida ligera o para picar algo; también se pueden tomar a media mañana, como aperitivo antes de la cena o hasta si te levantas en mitad de la noche y te apetece comer algo. Las quesadillas y los burritos también se hacen con tortillas rellenas de diferentes ingredientes y se pueden tomar a cualquier hora del día.

Para comer tacos y burritos no necesitas cuchillo y tenedor de modo que las recetas de este libro son para comidas informales. Aunque los tacos es mejor hacerlos para comer en el momento, los burritos y las quesadillas es más fácil prepararlos con antelación. El relleno de los burritos en particular es ideal para congelar en porciones individuales, perfectas para llevar en la fiambrera.

Todas las recetas de este libro son ideales para cuando tengas amigos en casa. Para montar un bufé de tacos, conocido como 'taquiza', solo tienes que preparar unos cuantos rellenos y algunas salsas. Acompáñalo con varios *toppings* como hojas de cilantro fresco cortadas, cebolletas, tomates, queso rallado, crema agria y algunas tortillas tibias. Los tacos se pueden acompañar con arroz y frijoles refritos y el postre puede ser algo tan simple como unas frutas tropicales troceadas o un sorbete de lima con unas hojas de menta fresca por encima.

Lo mejor de los tacos, los burritos y las quesadillas es lo fáciles que son de preparar. Los diferentes rellenos se pueden combinar y mezclar al gusto y se pueden servir con diferentes salsas. También, gracias a que la comida mexicana está cada vez más de moda, los ingredientes, hasta los más especializados, son más fáciles de encontrar. En México los rellenos son diferentes dependiendo de la región, pero los tacos son tan versátiles que se pueden hacer en cualquier lugar del mundo. Con un poco de imaginación, seguro que puedes preparar ahora mismo un relleno genial con lo que tienes en la nevera. La clave está en usar ingredientes que ya tienes en casa. Con las recetas de este libro como inspiración podrás dar alas al chef que llevas dentro.

¡Buen provecho!

Tacos

Cocina la carne a la parrilla para conseguir un sabor auténticamente mexicano. Estos tacos son muy sencillos de preparar y después de un bocado, estarás enganchado para siempre.

Tacos de entrecot a la lima con cebolla roja

· · · · · · · · · · · · · · · · · ·

zumo de 3 limas
1 cucharilla de comino en polvo
1 cucharilla de sal fina
1kg de entrecots gruesos
   deshuesados
1 cucharada de aceite
8-12 tortillas de trigo tibias

PARA EL ADEREZO
2 cebollas rojas en láminas finas
un puñadito de cilantro fresco
   muy bien picado
zumo de ½ naranja
zumo de 2 limas
1 cucharada de vinagre de vino
   blanco o de sidra
½ cucharilla de sal fina

PARA SERVIR
guacamole (ver página 60)
tomates cortados en rodajas finas

PARA 4-6 PERSONAS

Para preparar el aderezo, pon las cebollas, el cilantro, el zumo de naranja y el de lima, el vinagre y la sal en un cuenco pequeño. Una vez mezclado, cúbrelo y deja que marine en la nevera por lo menos unas 4 horas, pero mejor si lo dejas toda la noche. Sírvelo a temperatura ambiente.

Para hacer los entrecots, mezcla el zumo de lima, el comino y la sal en un plato llano lo suficientemente grande para que te quepan los entrecots sin solaparse. Ponlos encima de la mezcla y dales la vuelta para que se bañen todos por igual. Cubre el plato y deja que marine en la nevera por lo menos unas 4 horas pero es mejor si lo dejas una noche entera. Sácalo antes de cocinar; la carne debe estar a temperatura ambiente.

Calienta el aceite en una plancha con el fuego fuerte o precalienta la barbacoa. Cocina los entrecots durante 4-5 minutos por cada lado. Sazónalos con un poco de sal y déjalos reposar unos 5 minutos antes de cortarlos en rodajas finas en diagonal.

Para servir, unta cada tortilla con una capa fina de guacamole. Añade una cantidad generosa de entrecot y échale por encima una cucharada del aderezo de cebolla. Sírvelo caliente y acompáñalo con unas rodajas de tomate y un poco más de guacamole.

De niña, este era el único relleno de tacos que conocía. Un relleno de ternera picada bien condimentada siempre triunfa.

Tacos de ternera picada

2 cucharadas de aceite

1 cebolla pequeña rallada

2 cucharadas colmadas de comino en polvo

½ cucharilla de chile seco picado o en escamas

1 cucharada de orégano

2 dientes de ajo majados

1 chile verde fresco picado

500g de ternera picada

1 cucharilla de sal fina

zumo de ½ lima

un puñadito de cilantro fresco picado

6-12 tortillas de trigo tibias

PARA SERVIR

queso cheddar o monterey jack rallado

lechuga fresca en tiras finas

guacamole (ver página 60)

pico de gallo (ver página 63)

PARA 4-6 PERSONAS

Calienta el aceite en una sartén a fuego medio. Echa la cebolla, el comino, el chile seco, el orégano y saltéalo durante 1-2 minutos, removiendo a menudo hasta que empiece a desprender aroma. Añade el ajo y el chile y saltéalo 1 minuto más. Agrega la ternera y la sal y mézclalo bien hasta que la carne quede bien desmenuzada. Cocina todo durante otros 8-10 minutos, removiendo de vez en cuando hasta que la carne esté dorada.

Prueba la mezcla y aderézala con más sal si lo necesita. Añade el zumo de lima y el cilantro y remueve bien.

Para servir, pon una cantidad generosa de ternera en cada tortilla. Cúbrelas con queso rallado, lechuga y 1 cucharada de guacamole y otra de pico de gallo. Sírvelas calientes acompañadas con un poco más de pico de gallo.

La salsa picante de piña complementa a la perfección el sabor de la panceta asada. Haz la salsa en el momento, pero prepara la carne con un día de antelación para que tenga un sabor más intenso.

Tacos de panceta marinada con salsa de piña

400ml de zumo de piña
2 cucharadas de vinagre de vino blanco o de sidra
1 cucharilla de chile chipotle en polvo
¼ de cucharilla de chile seco picado o en escamas
1kg de panceta en lonchas
2 cucharillas de sal fina
pimienta negra recién molida
6-12 tortillas de trigo tibias

PARA LA SALSA
1 piña pequeña cortada en daditos
1 chile verde fresco picado
½ cebolla roja picada
un puñadito de cilantro fresco picado fino
zumo de 1 lima

PARA 4-6 PERSONAS

Para preparar la panceta mezcla en una bandeja resistente al calor el zumo de piña, el vinagre, el chipotle en polvo y el chile seco picado. La bandeja debe ser lo suficientemente grande para que quepan las lonchas de panceta sin solaparse. Coloca la panceta en la bandeja y dale la vuelta para que todas las lonchas se bañen por igual. Sazona con sal y una buena dosis de pimienta al gusto. Cubre la bandeja y deja que marine en la nevera preferiblemente toda una noche. Saca la bandeja para cocinar la panceta a temperatura ambiente.

Precalienta el horno a 200°C.

Cubre la bandeja de panceta con papel de plata y métela en el horno precalentado durante 1-1½ horas, hasta que la carne esté tierna.

Mientras tanto prepara la salsa. Pon la piña, el chile fresco, la cebolla, el cilantro y el zumo de lima en un cuenco pequeño. Mézclalo bien y déjalo reposar durante al menos 1 hora.

Para servir, desmenuza la panceta en trozos y mézclala bien con el jugo que quede en la bandeja. Pon una ración generosa en el centro de cada tortilla y échale salsa de piña por encima. Sírvela caliente con un poco más de salsa para acompañar.

Para recordarnos que los rellenos de taco no tienen por qué ser complicados, estos tacos están simplemente rellenos de pollo cocido. Para un opción todavía más sencilla se pueden utilizar unas sobras de pollo en lugar de cocinar uno nuevo. Esta receta es perfecta para servir con diferentes salsas como el guacamole o la salsa de tomate asado.

Tacos de pollo

....

600g de pollo deshuesado sin piel
caldo de pollo o verduras, o agua, según se necesite
10-12 tortillas de trigo tibias
200g de queso feta o queso fresco desmenuzado
sal y pimienta negra recién molida

PARA SERVIR
salsa de tomate asado (ver página 60)
guacamole (ver página 60)
unas ramitas de cilantro fresco
salsa picante (como Tabasco)
unas limas partidas por la mitad

PARA 3-4 PERSONAS

Pon el pollo en una cazuela y añade suficiente caldo o agua para cubrirlo. Si usas agua, sazónalo con sal.

Llévalo a ebullición a fuego medio, después tápalo y cocínalo a fuego lento durante 30-40 minutos hasta que el pollo esté cocido y tierno. Saca el pollo y deja que se enfríe un poco, luego desmenúzalo con las manos o con dos tenedores. Pruébalo y sazónalo si es necesario.

Para servir, pon una cantidad generosa de pollo en el centro de cada tortilla y espolvorea un puñado de queso desmenuzado. Añade por encima unas cucharadas de salsa de tomate asado y guacamole y unas ramitas de cilantro. Sirve los tacos calientes con cuencos aparte de salsa de tomate asado, guacamole, salsa picante y las mitades de lima para exprimir por encima.

Las *rajas* son tiras de pimiento asado. En esta receta hay que usar pollo asado, pero si tu horno es demasiado pequeño o no tienes tiempo puedes saltearlo en lugar de asarlo (ver variante más abajo).

Tacos de pollo al chipotle con 'rajas'

. . . .

500g de pollo sin piel, deshuesado y cortado en tiras finas
2 cucharillas de comino en polvo
1 cucharilla de chile chipotle en polvo
2 cucharillas de sal fina
2 cucharadas de aceite
6-8 tortillas de maíz o trigo tibias

PARA LAS RAJAS
1 pimiento rojo cortado en tiras
1 pimiento amarillo cortado en tiras
2 cucharadas de aceite
2 dientes de ajo majados
1 cucharilla de orégano
sal fina

PARA SERVIR
crema agria
pimienta negra recién molida
salsa picante (como Tabasco)

PARA 4 PERSONAS

Precalentar el horno a 180°C.

Para preparar las *rajas,* pon las tiras de pimiento en una bandeja de horno. Echa el aceite, el ajo, el orégano y la sal por encima y mézclalo todo bien. Extiende las *rajas* por la bandeja y ásalas en el horno durante 20-30 minutos hasta que la piel empiece a ponerse negra. Sácalas del horno y resérvalas hasta más tarde. No apagues el horno.

Pon el pollo en otra bandeja de horno. Añádele el comino, el chipotle, la sal y el aceite y mézclalo bien. Extiende el pollo en la bandeja homogéneamente y ásalo durante 15-20 minutos hasta que esté dorado y hecho por dentro.

Coloca el pollo sobre las tortillas. Añade las *rajas* por encima con una cucharada de crema agria y un buen pellizco de pimienta. Sírvelo caliente con un poco de salsa picante para condimentar.

VARIANTE: Para saltear el pollo, calienta el aceite en una sartén grande. Cuando esté caliente añade el pollo y cocínalo durante 5-10 minutos, removiendo de vez en cuando hasta que esté dorado y hecho por dentro.

Los espárragos no son un ingrediente típicamente mexicano pero su forma los convierte en un relleno apetecible. Son tacos elegantes para cuando hay invitados.

Tacos de cordero y espárragos

700g de cordero sin grasa cortado en tiras (si es la pata de cordero mucho mejor)

2-4 cucharadas de aceite

1-2 cucharillas de comino en polvo

500g de espárragos trigueros, con los extremos duros cortados

zumo de ½ limón

8-10 tortillas de maíz tibias

150g de queso feta o queso fresco desmenuzado

salsa de tomate asado para acompañar (ver página 60)

sal fina y pimienta negra recién molida

PARA 4 PERSONAS

Coloca las tiras de cordero en un plato llano y rocíalas con 1-2 cucharadas de aceite. Espolvorea el comino por encima y masajea la carne con él. Cubre el plato y déjalo marinar en la nevera un mínimo de 30 minutos pero es mejor si lo dejas toda una noche. Antes de cocinarlo deja que tome temperatura ambiente.

Para preparar los espárragos, calienta el aceite restante en una sartén grande a fuego fuerte y coloca tantos como quepan en una sola capa – puede que tengas que hacer esto en tandas. Cocínalos 3-4 minutos por cada lado sin removerlos para que se ennegrezcan ligeramente. Retíralos del fuego, ponlos en un plato y haz lo mismo con los espárragos restantes. Antes de sacar la última tanda de la sartén rocíalos con el zumo de limón y déjalo todo al fuego unos 30 segundos más; luego vierte el jugo que hayan soltado por encima de todos los espárragos. Mézclalo todo bien, salpimienta al gusto y resérvalo.

Precalienta la plancha a fuego fuerte. Cuando esté caliente añade los trozos de cordero y cocínalos 2-3 minutos por cada lado. Sácalos de la plancha, sazónalos con sal y déjalos reposar unos minutos.

Para servir, pon una buena ración de cordero en medio de cada tortilla tibia y espolvorea el queso desmenuzado por encima. Coloca algunos espárragos encima y una cucharada de salsa de tomate asado. Sírvelo todo caliente con un poco más de salsa para acompañar.

Las salsas con un punto ácido y afrutado son ideales para acompañar al marisco. Esta puede que parezca inofensiva pero el chile le da un toque explosivo.

Tacos de marisco
con salsa de mango y kiwi
. . . .

2 cucharadas de zumo de lima
un puñadito de cilantro fresco
   picado fino
1 cucharilla de comino en polvo
1 cucharilla de chile ancho en polvo
½ cucharilla de sal fina
750g de gambas crudas y peladas
2-4 cucharadas de aceite
8-10 tortillas de maíz tibias
crema agria para acompañar
pimienta negra recién molida

PARA LA SALSA
1 mango pelado y cortado en
   daditos
3 kiwis pelados y cortados en
   daditos
1 cebolla roja pequeña picada fina
1 chile verde fresco picado muy
   fino
unas ramitas de cilantro fresco
   picadas finas
zumo de 1 lima

PARA 4 PERSONAS

Para preparar las gambas, mezcla el zumo de lima, el cilantro, el comino, el chile ancho en polvo y la sal en un cuenco. Añade las gambas y mézclalo todo bien para que estas queden bien impregnadas. Cubre el cuenco y reserva.

Para preparar la salsa coloca en un cuenco el mango, los kiwis, la cebolla, el chile, el cilantro y el zumo de lima. Mézclalo todo bien y resérvalo a un lado para después.

Calienta el aceite en una sartén grande a fuego fuerte y coloca tantas gambas como quepan homogéneamente – puede que tengas que cocinar las gambas en varias tandas. Cocínalas en la sartén unos 5 minutos por cada lado hasta que estén de color rosado y cocidas por dentro. Salpimienta al gusto.

Para servir coloca una buena ración de gambas en medio de cada tortilla, pon por encima un poco de la salsa de mango y kiwi y un poco de crema agria. Sírvelo caliente con un poco más de crema agria y deja la salsa de mango y kiwi aparte para acompañar.

Tradicionalmente los tacos de pescado se rebozan y se fríen pero esta es una opción un poco más sana.

Tacos de pescado a la naranja con crema de chile

....

zumo de 1 naranja
2 cucharillas de comino en polvo
½ cucharilla de chile ancho
   en polvo
una pizca de sal fina
800g de pescado blanco sin piel
   ni espinas
harina para rebozar
2-3 cucharadas de aceite
8 tortillas de trigo o de maíz tibias

PARA LA CREMA DE CHILE
6 cucharadas de crema agria
2 cucharadas de yogur natural
1 chile rojo pequeño y fresco
   picado muy fino
una pizca de sal fina
un puñadito de cilantro fresco
   picado fino

PARA SERVIR
ensalada *baja slaw* (ver página 59)
unos cuartos de lima

PARA 4 PERSONAS

Para preparar el pescado mezcla el zumo de naranja, el comino, el chile ancho y la sal en un plato llano lo suficientemente grande para que te quepa el pescado homogéneamente. Coloca después el pescado encima de la mezcla dándole la vuelta para que quede bien bañado. Cubre el plato y déjalo marinar en la nevera hasta que lo necesites pero mejor si es toda una noche. Antes de cocinarlo deja que tome temperatura ambiente.

Para hacer la crema de chile mezcla en un cuenco la crema agria, el yogur, el chile, la sal y el cilantro. Cuando esté bien mezclado, cubre el cuenco y déjalo aparte.

Saca el pescado del adobo y sécalo con papel de cocina. Pon la harina en un plato y añádele un poco de sal, y mézclalo todo bien.

Calienta el aceite en una sartén a fuego fuerte. Reboza el pescado en la harina por ambos lados, sacúdelo ligeramente para eliminar el exceso de harina y fríelo 2-4 minutos por cada lado hasta que esté dorado y crujiente por los bordes y hecho por dentro. Colócalo sobre papel de cocina para que absorba el aceite sobrante.

Para servir coloca un poco de la ensalada *baja slaw* en medio de cada tortilla. Añade encima algunos trozos de pescado rebozado y pon una cucharada de la crema de chile. Sírvelo en seguida con unos cuartos de lima y un poco más de crema de chile aparte.

Este taco es una alternativa a los rellenos de carne, así que es ideal para vegetarianos y para picar algo ligero.

Tacos de calabaza asada con chile ancho

· · · · · · · · · · · · · · · · · ·

1 cebolla grande cortada por la mitad y en rodajas

4 cucharadas de aceite

2 cucharillas de comino en polvo

2 cucharillas de orégano seco

2 cucharillas de chile ancho en polvo

1 cucharilla de sal fina

un buen pellizco de canela en polvo

1.2kg de calabaza pelada y cortada en dados

8-12 tortillas de maíz o trigo tibias

PARA SERVIR
crema agria
unas ramitas de cilantro fresco
guacamole (ver página 60)
salsa picante (como Tabasco)
unos cuartos de limón

PARA 4-6 PERSONAS

Precalienta el horno a 220°C.

Para preparar la calabaza, mezcla las rodajas de cebolla, el aceite, el comino, el orégano, el chile ancho, la sal y la canela en un cuenco grande. Añade la calabaza y mézclalo todo para que la calabaza se impregne bien de la mezcla.

Extiende la calabaza en una bandeja para horno lo suficientemente grande para que quepa todo en una sola capa. Ásala en el horno durante 25-35 minutos hasta que se dore.

Para servir coloca una buena ración de calabaza en el centro de cada tortilla. Pon por encima una cucharada de crema agria y esparce algunas ramitas de cilantro. Sírvelo caliente acompañado de guacamole, cualquier salsa picante y unos cuartos de limón para rociar.

Este taco es una manera diferente y rica de servir patatas y es bueno a cualquier hora, ya sea mañana, tarde o noche. El aderezo de esta receta es suave, pero si te gusta el picante añade un poco de chile fresco picado a las patatas antes de asarlas.

Tacos de patatas

· ·

1 cucharilla colmada de comino en polvo

1 cucharilla colmada de chile ancho en polvo

4-5 cucharadas de aceite

1.25kg de patatas sin pelar y cortadas en dados

1-2 cucharillas de sal fina

10-12 tortillas de maíz tibias

200g de queso feta o queso fresco desmenuzado

un puñadito de cilantro fresco picado fino

PARA 4 PERSONAS

Para preparar las patatas mezcla el comino, el chile ancho y 2 cucharadas del aceite en un cuenco grande. Añade las patatas y remueve para que se impregnen bien de la mezcla. Colócalas en una bandeja de horno – puede que necesites 2 bandejas. Rocía por encima el resto del aceite y sazona con bastante sal.

Asa las patatas en el horno precalentado durante 10 minutos y luego muévelas para que se doren por todos los lados. Déjalas en el horno otros 10 minutos o hasta que estén totalmente doradas y tiernas.

Para servir coloca las patatas en el centro de cada tortilla. Reparte un poco de queso por encima y espolvorea un poco del cilantro picado. Sirve en seguida.

VARIANTE: Para hacer tacos para el desayuno, echa por encima de las patatas unos huevos revueltos, un poco de queso y salsa.

Si cocinas los calabacines y las mazorcas de maíz a la parrilla le darás a este taco un sabor ahumado que también podrás conseguir si los haces a la plancha o a la barbacoa.

Tacos de verduras mixtas con mayonesa de chipotle y lima

....

1kg de calabacines partidos
   por la mitad y en rodajas
aceite
2 mazorcas de maíz
sal fina
½ cucharilla de comino en polvo
10-12 tortillas pequeñas de maíz
   o trigo tibias
pico de gallo para servir
   (ver página 63)

PARA LA MAYONESA
6-8 cucharadas generosas
   de mayonesa
zumo de 1 lima
½ cucharilla de chile chipotle
   en polvo
pimienta negra recién molida

PARA 4 PERSONAS

Para preparar la mayonesa de chipotle y lima, mezcla en un cuenco pequeño la mayonesa, el zumo de lima, el chipotle y una cantidad generosa de pimienta. Pruébala y salpimienta si hace falta. Cubre el cuenco y resérvalo en la nevera.

Pon los calabacines en otro cuenco para rociarlos con aceite. Procura que queden bien impregnados. Coloca la plancha al fuego hasta que esté bien caliente. Pon los calabacines para que se hagan 3-5 minutos por cada lado hasta que estén tostados. Unta las mazorcas con aceite y luego cocínalas en la plancha 10-15 minutos dándoles la vuelta para que se tuesten por todos los lados.

Corta las medias rodajas de calabacines en daditos y ponlos en un plato llano. Raspa las mazorcas para sacar los granos de maíz y luego ponlos con los calabacines, añade el comino y sazona con sal. Mézclalo todo bien.

Para servir pon una cantidad generosa de la mezcla en cada tortilla. Añade una cucharada de la mayonesa de chipotle y lima y otra de pico de gallo por encima y sirve en seguida.

Burritos

Estos contundentes burritos de ternera, frijoles y arroz son un plato completo en sí mismo, capaz de saciar el hambre a cualquiera. El guacamole es el acompañamiento perfecto.

Burritos de ternera a la cerveza

400g de ternera para estofado
   en trozos grandes
1 cebolla grande picada fina
3 dientes de ajo picados finos
una pizca de pimienta de Jamaica
   en polvo
1 cucharilla de comino en polvo
1 cucharilla de orégano seco
1 cucharilla colmada de sal fina
pimienta negra recién molida
250ml de cerveza
400ml de *passata* o puré de
   tomate
2 chiles anchos en adobo picados y
   una cucharilla del adobo
400g de frijoles en lata, escurridos
300g de arroz hervido
4-6 tortillas de trigo grandes
150g de queso cheddar o
   monterey jack rallado
guacamole (ver página 60)

PARA 4 PERSONAS

Mezcla la ternera con la cebolla, el ajo, la pimienta de Jamaica, el comino, el orégano, la sal y la pimienta negra en una cacerola grande. Vierte la cerveza y suficiente agua para cubrir la carne 1cm por encima. Pon a fuego fuerte hasta que hierva. Cúbrela y déjala hervir a fuego lento durante 1½-2 horas hasta que esté tierna.

Saca la carne y colócala sobre una tabla de cortar. Deja solo la cebolla en la cacerola y reserva 500ml del caldo.

Desmenuza la ternera y devuélvela a la cacerola con la cebolla. Añade la *passata,* los chiles anchos con la cucharilla de adobo, los frijoles y 250ml del caldo que has reservado y el arroz. Remuévelo todo bien.

Pon la cacerola a fuego medio 15-20 minutos hasta que la mezcla se haya reducido y espesado. Prueba y sazona si es necesario. Si es demasiado espesa añade un poco del caldo restante o agua.

Precalienta el horno a 200°C.

Pon la mezcla sobre las tortillas y espolvorea el queso. Dobla los costados de la tortilla sobre el relleno, después la parte inferior, y sigue enrollando en ese sentido hasta que quede cerrada. Colócalas con el doblez hacia abajo sobre una bandeja de horno engrasada.

Cubre la bandeja con papel de plata y métela en el horno 10-15 minutos hasta que se funda el queso. Sírvelos calientes con guacamole.

Estos burritos son la mejor manera de empezar el día. Los ingredientes pueden variar dependiendo de lo que tengas más a mano. Prueba a hacerlos con champiñones salteados, trocitos de tomate o beicon crujiente.

Burritos de desayuno
· · · · · · · · · · · · · · · · · ·

5 huevos grandes

1 patata grande cocida y cortada en dados

1 chile verde o rojo fresco picado fino

2-3 cebolletas picadas finas

un puñadito de cilantro fresco picado muy fino

1 cucharilla de sal fina

2 cucharadas de mantequilla sin sal

75g de queso cheddar o monterey jack rallado

2 tortillas de trigo grandes

1 aguacate en rodajas finas

pico de gallo para servir (ver página 63)

PARA 2 PERSONAS

Echa los huevos en un cuenco y bátelos bien. Añade las patatas, el chile, las cebolletas, el cilantro y la sal.

Funde la mantequilla en una sartén grande y vierte la mezcla de huevo removiendo constantemente hasta que el huevo se cocine. Añade el queso y déjalo al fuego 1 minuto más para luego pasarlo a un plato.

Para servir, reparte la mezcla de huevo entre las dos tortillas calientes y pon aguacate por encima. Dobla la parte de abajo hacia adentro y luego dobla un costado, enrollando en ese sentido para cerrar pero dejando el burrito abierto por arriba. Sírvelo en seguida con pico de gallo para acompañar.

El chorizo le aporta a este delicioso burrito otro tipo de picante así que cualquier variedad le irá bien.

Burritos de chorizo, frijoles y pimiento

1 cucharada de aceite

1 cebolla grande cortada en dados

1 pimiento rojo o amarillo cortado en dados

2 dientes de ajo majados

1 cucharilla de orégano seco

½ cucharilla de chile seco picado o en escamas

225g de chorizo en dados

1 lata de 400g de tomate natural troceado

1 lata de 400g de frijoles blancos escurridos

6 tortillas de trigo grandes

250g de queso cheddar o monterey jack rallado

sal fina y pimienta negra recién molida

crema agria para servir

PARA 6 PERSONAS

Precalienta el horno a 200°C.

Calienta el aceite en una sartén grande a fuego medio. Añade la cebolla y el pimiento y cocínalos durante 5-8 minutos removiendo de vez en cuando hasta que se doren. Luego añade el ajo, el orégano, el chile seco y el chorizo y deja que se haga 1-2 minutos más. A continuación echa los tomates, los frijoles y 4 cucharadas de agua y sazona con sal. Déjalo al fuego 15 minutos removiendo de vez en cuando hasta que espese. Pruébalo y sazona si lo necesita.

Reparte el relleno entre las tortillas y espolvorea el queso rallado por encima. Dobla la tortilla como en la página 33. Colócalas con el doblez para abajo en una bandeja de horno engrasada.

Cubre la bandeja con papel de plata y métela en el horno durante 10-15 minutos para que se funda el queso. Sirve los burritos calientes y con crema agria para acompañar.

Esta receta es un clásico de la comida mexicana. Es una combinación de cerdo estofado con zumo de naranja y una suave mezcla de especias que te hará la boca agua.

Burritos de cerdo estofado con naranja

· · · · · · · · · · · · · · · · · · · ·

1.2kg de paletilla o pata cerdo con su grasa, cortada en trozos
zumo de 3-4 naranjas
2 dientes de ajo majados
1 cucharilla de sal fina
una pizca de pimienta de Jamaica en polvo
1 cucharilla de comino en polvo
300g de arroz hervido
4-6 tortillas de trigo grandes
180g de queso cheddar o monterey jack rallado
pimienta negra recién molida

PARA EL PURÉ

3 chiles anchos secos sin pepitas
1 cebolla troceada
¼ de taza de vinagre de sidra
½ cucharilla de orégano seco
½ cucharilla de comino en polvo
1 cucharilla de sal fina

PARA 4-6 PERSONAS

Precalienta el horno a 200°C.

En una cacerola a fuego fuerte pon el cerdo, el zumo de naranja, el ajo, la sal, la pimienta de Jamaica y el comino hasta que hierva. En este punto baja la temperatura y déjalo a fuego lento durante 1½ -2 horas sin tapar hasta que esté tierno. Después deja enfriar la carne en su jugo, cúbrela y métela en la nevera para después.

Para preparar el puré de chile hierve los chiles durante 15 minutos. Retíralos y guarda el caldo. Quita los tallos y pásalos por la trituradora con la cebolla, el vinagre, el orégano, el comino, la sal y 375ml del caldo sobrante. Tritura la mezcla hasta que se haga puré.

Saca el cerdo de la cacerola, pon el líquido restante en otro recipiente y resérvalo. Separa la grasa de la carne. Desmenúzala y devuélvela a la cacerola vacía. Quita la grasa que haya en la superficie del líquido que has puesto aparte y vierte el caldo en la carne. Añade el arroz y el puré de chile. Déjalo hervir a fuego lento durante 10 minutos. Prueba y sazona si hace falta y agrega el cilantro.

Reparte el relleno entre las tortillas y espolvorea el queso rallado por encima. Dobla las tortillas como en la receta anterior y sigue los mismos pasos para el horneado. Sírvelos calientes.

El mole es una salsa picante mexicana deliciosa. En esta receta, he usado pasta de mole ya hecha porque puede ser difícil de hacer y puede costar encontrar los ingredientes necesarios.

Burritos de pollo con mole

. . . .

500g de pollo deshuesado sin piel

caldo de pollo o verduras, o agua, según se necesite

1 cucharada de aceite

1 cebolla grande picada

200g de pasta de mole poblano de buena calidad

300g de arroz hervido

1 lata de 400g de frijoles escurridos

4-6 tortillas de trigo grandes

180g de queso cheddar o monterey jack rallado

sal fina

pimienta negra recién molida

PARA 4-6 PERSONAS

Pon el pollo en una cazuela con suficiente caldo o agua para cubrirlo. Si usas agua o caldo sin sazonar, añade sal.

Ponlo a fuego medio hasta que hierva y luego tápalo y déjalo hervir a fuego lento durante 30-40 minutos hasta que el pollo esté tierno. Saca el pollo y déjalo enfriar un poco, luego desmenúzalo con las manos o con dos tenedores. Prueba, y añádele sal si es necesario.

Calienta el aceite en otra cazuela a fuego medio. Echa la cebolla y cocínala unos 5-8 minutos, removiendo de vez en cuando hasta que se dore. Añade la pasta de mole y disuélvela usando un poco de caldo o agua. Deja la cazuela al fuego 1-2 minutos más. Luego echa el pollo desmenuzado, el arroz y los frijoles y mézclalo bien. Deja que se cocine a fuego lento unos 10-15 minutos.

Reparte la mezcla de pollo entre las tortillas y espolvorea con el queso rallado. Dobla la tortilla siguiendo los pasos de recetas anteriores. Colócalas con el doblez para abajo en una bandeja de horno engrasada. Cúbrela con papel de plata y métela en el horno precalentado durante 10-15 minutos para que se calienten los burritos y se funda el queso. Sírvelos calientes.

Estos deliciosos burritos para desayuno son la manera perfecta de empezar el día pero también son fantásticos para comerlos a cualquier hora.

Burritos de adobo, frijoles y queso

· · · · · · · · · · · · · · · · · · ·

2 cucharadas de aceite

1 cebolla grande

2 cucharillas de comino en polvo

2 cucharillas de orégano seco

3 dientes de ajo picados

1-3 chiles anchos en adobo picados

2 latas de 400g de frijoles escurridos

230g de tomate natural troceado en lata

250ml de caldo de pollo o verduras, o agua

2 cucharillas de sal fina

una pizca de azúcar

200g de arroz hervido

4-6 tortillas de trigo grandes

180g de queso cheddar o monterey jack rallado

ramitas de cilantro fresco para servir

pimienta negra recién molida

PARA 4-6 PERSONAS

Precalienta el horno a 200°C.

Calienta el aceite en una cazuela grande a fuego medio. Echa la cebolla, el comino y el orégano y cocínalo 5-8 minutos removiendo de vez en cuando hasta que se dore. Añade el ajo y los chiles anchos y remueve a menudo durante 1 minuto más.

Añade los frijoles, los tomates, el caldo o el agua, la sal y el azúcar y mézclalo bien. Deja que hierva y después ponlo a fuego lento durante 10-15 minutos. Mézclalo con el arroz y comprueba si le falta sal.

Reparte la mezcla entre las tortillas y espolvorea con el queso rallado. Dobla las tortillas siguiendo los pasos de las recetas anteriores. Colócalas con el doblez para abajo en una bandeja de horno engrasada o un plato llano resistente al calor. Cúbrela con papel de plata y métela en el horno durante 10-15 minutos para que se calienten los burritos y se funda el queso. Sírvelos calientes con unas ramitas de cilantro por encima.

Quesadillas

Este relleno gusta a todo el mundo y lo puedes hacer tan picante o suave como quieras.

Quesadillas de ternera y pimientos

2 cucharadas de aceite

1 cebolla cortada en dados

1 pimiento rojo cortado en dados

1 pimiento amarillo en dados

1 cucharilla de comino en polvo

1 cucharilla de orégano seco

½ cucharilla de pimentón picante o dulce (al gusto)

1 chile verde o rojo fresco

2 dientes de ajo majados

450g de ternera picada

1 cucharilla de sal fina

220g de tomates naturales troceados en lata

8 tortillas de trigo grandes

150g de queso cheddar o monterey jack rallado

PARA SERVIR

crema agria

cebolletas en rodajas

tomates cortados en dados

aceitunas negras deshuesadas y cortadas en rodajas

PARA 4-6 PERSONAS

Precalienta el horno a 120°C.

Calienta a fuego medio una cucharada de aceite en una sartén. Pon la cebolla y los pimientos y cocínalo 5-8 minutos removiendo de vez en cuando hasta que se doren. Añade el comino, el orégano, el pimentón, el chile y el ajo y déjalo en la sartén 1 minuto más. Pon la ternera y la sal y cocínalo todo 5 minutos más hasta que la carne se dore. Incorpora los tomates y deja a fuego lento hasta que reduzca y espese. Prueba la mezcla y sazona si es necesario.

Para montar las quesadillas, reparte el relleno entre 4 tortillas. Pon queso rallado encima y tapa con otra tortilla.

Calienta una cucharada del aceite sobrante en una sartén antiadherente a fuego medio. Cuando esté caliente pon la quesadilla en la sartén, baja el fuego y cocínala durante 2-3 minutos hasta que se dore y el queso comience a fundirse. Dar la vuelta y hacer lo mismo otros 2-3 minutos. Después, quítala del fuego, ponla en un plato resistente al calor y métela en el horno para que se mantenga caliente mientras terminas las demás quesadillas.

Para servir, pon un poco de crema agria encima de cada quesadilla, las cebolletas, los dados de tomate y las aceitunas negras. Córtalas en cuñas y sírvelas calientes.

Estas quesadillas son una versión de un buen desayuno inglés por lo que los ingredientes no son tradicionalmente mexicanos. Para hacerlas más auténticas pon frijoles refritos.

Quesadillas de desayuno inglés

....

4 lonchas gruesas de jamón de york

8 tortillas de trigo grandes

200g de queso cheddar o monterey jack rallado

1 lata de 400g de judías en salsa de tomate

1 cucharada de aceite

4 cucharadas de mantequilla sin sal

4 huevos grandes

PARA 4-6 PERSONAS

Precalienta el horno a 120°C.

Para montar las quesadillas, pon 1 loncha de jamón sobre cada tortilla. Espolvorea queso por encima de cada una y reparte las judías entre las 4 tortillas. Pon encima otra tortilla.

Calienta el aceite en una sartén antiadherente a fuego medio. Cuando esté caliente, coloca la quesadilla en la sartén y baja el fuego para que se cocine durante 2-3 minutos hasta que se dore por un lado y se empiece a fundir el queso. Dale la vuelta y caliéntala por el otro lado otros 2-3 minutos. Sácala del fuego y colócala en un plato o bandeja resistente al calor y mantenla caliente en el horno mientras terminas las demás quesadillas.

Funde una cucharada de mantequilla en una sartén antiadherente pequeña. Echa un huevo y fríelo hasta que se haga por un lado. Si quieres, dale la vuelta para que se haga también por el otro lado. Haz lo mismo con los demás huevos.

Para servir, pon un huevo frito sobre cada quesadilla, córtalas en cuñas y sírvelas calientes.

Estas quesadillas valen para un *brunch*, comer o cenar. Si quieres que llene más añade un poco de arroz o frijoles. Prepara el pollo con antelación para que la receta sea aún más rápida.

Quesadillas de pollo y chorizo

650g de pollo deshuesado sin piel
caldo de pollo o verduras, o agua,
   según se necesite
2 cucharadas de aceite
1 cebolla picada fina
2 dientes de ajo picados finos
1 cucharilla de comino en polvo
1 cucharilla de orégano seco
1 cucharilla de sal fina
1 chile verde fresco y picado fino
70g de chorizo picado fino
1 lata de 400g de tomates
   naturales troceados
8 tortillas de trigo grandes
200g de queso cheddar o
   monterey jack rallado

PARA SERVIR
crema agria
guacamole (ver página 60)

PARA 4-6 PERSONAS

Precalienta el horno a 120°C.

Coloca el pollo en una cazuela y añade el suficiente caldo para que lo cubra. Si usas agua o caldo sin sazonar, añádele también sal. Haz que hierva a fuego medio y luego cúbrelo y déjalo a fuego lento durante 30-40 minutos hasta que el pollo esté hecho. Saca el pollo y déjalo enfriar. Luego desmenúzalo con las manos o con dos tenedores. Prueba y sazona si es necesario.

Calienta una cucharada de aceite en otra cazuela a fuego medio. Añade la cebolla y cocínala durante 5-8 minutos removiendo de vez en cuando hasta que se dore. Agrega el ajo, el comino, el orégano, la sal, el chile y el chorizo y déjalo todo al fuego durante 1-2 minutos removiendo a menudo. Luego pon los tomates y tápalo. Déjalo a fuego lento unos 15 minutos, y luego destapado otros 10-20 minutos hasta que se reduzca la salsa. Incorpora el pollo desmenuzado y mézclalo bien.

Para montar las quesadillas, reparte la mezcla de pollo entre 4 tortillas. Espolvorea el queso por encima y tápalas con otras tortillas.

Repite el último paso de las recetas anteriores para calentar las quesadillas y fundir el queso.

Para servir, pon un poco de crema agria y guacamole por encima. Córtalas y sírvelas calientes.

En esta receta se combinan a la perfección el sabor dulce del boniato, el salado del queso de cabra y el sabor ahumado del chile chipotle.

Quesadillas de boniato y espinacas

. . . .

800g de boniatos troceados
1 chile chipotle grande en adobo picado, más una cucharilla del adobo
1 cucharilla de sal fina
200g de espinacas frescas
8 tortillas de trigo grandes
150g de queso de cabra fileteado fino
aceite

PARA SERVIR
crema agria
guacamole (ver página 60)
ramitas de cilantro fresco
cuartos de limón

Precalienta el horno a 120°C.

Los boniatos los puedes hervir, asar o hacer al vapor. Cocínalos hasta que estén tiernos y deja que se enfríen. Cuando estén fríos, haz un puré con ellos y añádeles el chile y la sal. Pruébalo y sazona si es necesario y reserva para luego. Pon las espinacas en una cazuela, tapa y deja a fuego lento solo hasta que se ablanden. Deja que se enfríen y escúrrelas con las manos para sacar todo el agua. Pícalas y reserva para después.

Para montar las quesadillas extiende 2-3 cucharadas de puré de boniato en 4 tortillas. Añade espinacas por encima y un cuarto del queso de cabra. Tápalas con otra tortilla.

Calienta el aceite en una sartén antiadherente a fuego medio. Cuando esté caliente baja el fuego y coloca la quesadilla en la sartén y caliéntala durante 2-3 minutos hasta que se dore por un lado y el queso empiece a fundirse. Dale la vuelta y hazla por el otro lado. Pásala a un plato o bandeja resistente al calor y métela en el horno para mantenerla caliente mientras haces las demás.

Para servir, pon un poco de crema agria y guacamole por encima, corta en porciones y sírvelas calientes con cuartos de limón para rociar por encima.

El sabor ahumado del chile chipotle es irresistible sobre todo mezclado con canela y el sabor salado del queso. Para conseguir un sabor mexicano auténtico, cambia el feta por queso fresco.

Quesadillas de chipotle, frijoles negros y feta

3 cucharadas de aceite
1 cebolla cortada en dados
3 dientes de ajo majados
1 cucharilla de orégano seco
1 cucharilla de comino en polvo
1 pizca de canela en polvo
2 chiles chipotle en adobo picados, más una cucharilla del adobo
200g de *passata* o puré de tomate
2 latas de 400g de frijoles negros escurridos
sal fina
8 tortillas de trigo grandes
200g de queso feta o queso fresco, desmenuzado
crema agria para servir
pico de gallo para servir (ver página 63)

PARA 4-6 PERSONAS

Precalienta el horno a 120°C.

Calienta 2 cucharadas de aceite en una cazuela a fuego medio alto. Echa la cebolla y cocínala durante 5-8 minutos removiendo a menudo hasta que se dore. Añade el ajo, el orégano, el comino y la canela y sigue removiendo durante 1-2 minutos más. Incorpora la *passata* sin dejar de remover, los frijoles, un poco de sal, 60ml de agua y cubre. Déjalo a fuego lento 15 minutos, luego pruébalo y sazona si lo necesita.

Para montar las quesadillas, reparte la mezcla de frijoles entre 4 tortillas. Añade por encima el queso y luego tapa cada tortilla con otra.

Calienta el aceite sobrante en una sartén antiadherente a fuego medio. Cuando esté caliente baja el fuego y coloca una quesadilla en la sartén y caliéntala durante 2-3 minutos hasta que se dore por un lado y el queso empiece a fundirse. Dale la vuelta y caliéntala por el otro lado otros 2-3 minutos. Pásala a un plato o bandeja resistente al calor y métela en el horno mientras preparas las demás quesadillas.

Para servir, ponles un poco de crema agria y pico de gallo por encima, córtalas en cuñitas y sírvelas calientes.

Las gambas y los aguacates son uña y carne en muchas cocinas del mundo pero en esta receta tienen un auténtico sabor mexicano con unos jalapeños picantes. Puedes servir esta quesadilla sola o con una ensalada de tomate.

Quesadillas de aguacate y marisco

· · · · · · · · · · · · · · · · · ·

2 aguacates maduros en trozos grandes
un pellizco de sal fina
zumo de ½ limón
un puñadito de cilantro fresco picado
500g de gambas/langostinos cocinados y pelados
8 tortillas de trigo grandes
2 tomates en trozos grandes
150g de queso de cabra no muy cremoso, rallado o cortado en láminas
4 cucharadas de chiles jalapeños en escabeche cortados en láminas
1 cucharada de aceite
cuartos de limón para servir

PARA 4 PERSONAS

Precalienta el horno a 120°C.

Pon los aguacates en un cuenco, sazónalos con sal y añádeles el zumo de limón y el cilantro. Mézclalo todo bien y reserva para más tarde.

Si las gambas son muy grandes córtalas por la mitad.

Para montar las quesadillas, reparte las gambas entre 4 tortillas. Esparce por encima los aguacates, los tomates, el queso y 1 cucharada de jalapeños. Tápalas con otra tortilla.

Calienta la cucharada de aceite en una sartén antiadherente a fuego medio. Cuando esté caliente baja el fuego y coloca una quesadilla en la sartén y caliéntala durante 2-3 minutos hasta que se dore por un lado y el queso empiece a fundirse. Dale la vuelta y caliéntala por el otro lado otros 2-3 minutos. Pásala a un plato o bandeja resistente al calor y mantenla caliente en el horno mientras preparas las demás quesadillas.

Para servir, corta las quesadillas en cuñas y sírvelas calientes con los cuartos de limón para rociar el zumo por encima.

Esta receta es muy sencilla de preparar y es ideal para picar algo o servirla como aperitivo. También es perfecta para el desayuno si la sirves con un huevo frito o dos por encima.

Quesadillas de queso, tomate y jalapeños

· · · · · · · · · · · · · · · · · · · ·

4-5 tomates maduros cortados en láminas finas

8 tortillas de trigo grandes

300g de queso cheddar o monterey jack rallado

80-100g de chiles jalapeños en escabeche troceados

1 cucharada de aceite

guacamole para servir (ver página 60)

PARA 4 PERSONAS

Precalienta el horno a 120°C.

Para montar las quesadillas, reparte las láminas de tomate entre 4 tortillas. Esparce los jalapeños y el queso por encima y tápalas con otra tortilla.

Calienta el aceite en una sartén antiadherente a fuego medio. Después baja el fuego y coloca una quesadilla en la sartén y caliéntala durante 2-3 minutos hasta que se dore por un lado y el queso empiece a fundirse. Dale la vuelta y caliéntala por el otro lado otros 2-3 minutos. Pásala a un plato o bandeja resistente al calor y mantenela caliente en el horno mientras preparas las demás quesadillas.

Para servir, corta las quesadillas en cuñas y sírvelas calientes acompañadas de guacamole.

Salsas y guarniciones

Un arroz bien condimentado es el acompañamiento perfecto para cualquier taco o quesadilla.

Arroz rojo

. . . .

1 cucharada de aceite
1 cebolla pequeña picada fina
400g de arroz blanco de grano corto
1½ cucharillas de comino en polvo
½ cucharilla de chile ancho en polvo
1 cucharilla colmada de orégano seco
1 cucharilla colmada de sal fina
½ cucharilla de chile seco picado (opcional)
2 cucharadas de tomate triturado

PARA 4-6 PERSONAS

Calienta el aceite en una cazuela a fuego medio alto. Añade la cebolla y cocínala 5 minutos hasta que se dore.

Echa el arroz, el comino, el chile ancho en polvo, el orégano, la sal y el chile seco picado, si lo vas a usar, y cocínalo unos 2-3 minutos.

Añade 800ml de agua y el tomate y remueve para que se mezcle. Sube el fuego hasta que hierva y luego bájalo para que se haga a fuego lento durante 20 minutos.

Separa el arroz con un tenedor y sírvelo caliente.

Esta ensalada de col crujiente o *slaw* se sirve tradicionalmente con los tacos de pescado.

'Baja slaw'

. . . .

4 cucharadas de mayonesa
1 cucharada de zumo de lima
1 cucharilla de sal fina
un chorrito de salsa picante (como Tabasco)
una pizca de comino en polvo
1 col blanca o repollo pequeño cortado en láminas finas
1 manojo de rábanos cortados en láminas finas
un puñadito de cilantro fresco picado fino

PARA 4-6 PERSONAS

En un cuenco grande mezcla bien la mayonesa, el zumo de lima, la sal, el Tabasco y el comino.

Echa la col, los rábanos y el cilantro y remueve para que se cubra bien. Prueba la mezcla y sazónala si hace falta. Déjala en la nevera hasta que la necesites.

Esta genuina receta de frijoles tiene un sabor ahumado fantástico.

Frijoles a la mexicana

....

4 dientes de ajo sin pelar

4 tomates carnosos troceados

1 chile chipotle en salsa de adobo

½ cucharilla de comino en polvo

2 latas de 400g de frijoles escurridos

2 cucharadas de aceite

sal fina

PARA 6-8 PERSONAS

Calienta una plancha, añade los ajos y los tomates y cocínalos a fuego fuerte 3-5 minutos hasta que ennegrezcan y déjalos enfriar. Pela los ajos y hazlos un puré espeso con ayuda de una batidora junto con los tomates, el chipotle, el comino y los frijoles.

Calienta el aceite en una sartén a fuego medio. Añade la pasta de frijoles y deja al fuego 15-20 minutos hasta que espese. Pruébalo y sazónalo si es necesario. Sirve caliente.

Me gustan las cosas simples así que esta es la receta de los más puristas.

Guacamole

....

2 aguacates maduros troceados

2-3 cucharadas de crema agria

zumo de ½ limón

un puñadito de cilantro fresco picado fino

una pizca de comino en polvo

½ cucharilla de sal fina

1 chile verde o rojo fresco (opcional)

PARA 4-6 PERSONAS

Pon el aguacate en un cuenco y aplástalo con el tenedor hasta que sea un pasta con trocitos.

Añade la crema agria, el zumo de limón, el cilantro, el comino, la sal y el chile, si lo vas a usar. Mézclalo bien. Pruébalo y sazona si es necesario añadiendo más sal o zumo de limón al gusto.

Esta deliciosa salsa combina con casi todos los rellenos de taco.

Salsa de tomate

....

950g de tomates maduros

1 cebolla grande cortada en láminas gruesas

4 chiles verdes frescos

un puñadito de cilantro fresco

sal fina

una pizca de azúcar

2 cucharadas de zumo de lima

PARA 4-6 PERSONAS

Calienta una plancha a fuego fuerte. Echa los tomates, la cebolla y los chiles y cocínalo todo 3-5 minutos por cada lado hasta que empiecen a ennegrecer.

Pon todo junto al cilantro en la batidora y tritura hasta tener un puré espeso. Pásalo a un cuenco e incorpora la sal, el azúcar y el zumo de lima. Sírvelo a temperatura ambiente.

Esta salsa de toque ácido va muy bien con los rellenos de pollo o verduras.

Salsa de lima y maíz

· · · · · · · · · · · · · · · · · · · ·

3 mazorcas de maíz cocinadas
1 cebolla roja pequeña picada fina
1 pimiento rojo grande picado fino
1 chile rojo picado fino
1 puñado de cilantro fresco
 zumo y ralladura de 1 lima
½ cucharilla de sal fina

PARA 4-6 PERSONAS

Separa los granos de la mazorca y ponlos en un cuenco. Agrega la cebolla, el pimiento, el chile, el cilantro, el zumo y la ralladura de la lima y la sal y mézclalo todo bien.

Marina la mezcla como mínimo 1 hora o cúbrelo y déjalo en la nevera toda la noche. Pruébala y sazona si es necesario añadiendo más chile o zumo de lima al gusto. Déjala en frío hasta que la necesites pero sírvela a temperatura ambiente.

Da un toque de color con esta salsa de tomatillo de un color verde muy vivo.

Salsa de tomatillo

· · · · · · · · · · · · · · · · · · · ·

2 chiles verdes frescos
3-4 dientes de ajo sin pelar
800g de tomatillos escurridos
1 cebolla pequeña
1 puñadito de cilantro fresco
1 pizca de azúcar

PARA 4-6 PERSONAS

Calienta una plancha y pon los chiles y el ajo y deja que se cocinen hasta que ennegrezcan por encima, unos 3-5 minutos por cada lado. Deja que se enfríen y después pela los ajos.

Tritura con la batidora los tomatillos, el ajo, los chiles y el cilantro hasta que quede un puré espeso. Pon la salsa en un bol y agrega el azúcar. Pruébala y sazona si es necesario. Sírvela a temperatura ambiente.

La salsa pico de gallo es tan sabrosa que podría ser un relleno por si misma.

Pico de gallo

· · · · · · · · · · · · · · · · · · · ·

6-8 tomates maduros cortados
 en daditos
1 cebolla grande picada fina
1 chile verde fresco picado fino,
 o tantos como quieras
1 puñado de cilantro fresco
½ cucharilla de sal fina
zumo de 1 lima
zumo de limón (opcional)

PARA 4-6 PERSONAS

En un cuenco pequeño pon los tomates, la cebolla, el chile y el cilantro. Agrega la sal y el zumo de lima y mézclalo bien.

Deja que repose por lo menos 1 hora o cúbrelo y mételo en la nevera una noche entera. Prueba la salsa y sazona si es necesario con más chile o zumo de limón al gusto. Déjala en la nevera hasta que la necesites pero sírvela a temperatura ambiente.

Índice

· · · · · · · · · · · · · · · · · ·

31901051969402